Émile de Laveleye

La Production et la Consommation des Métaux précieux

Économie

ISBN : 978-1722222611

10 9 8 7 6 5 4 3 2 1

Émile de Laveleye

La Production et la Consommation des Métaux précieux

Économie

Table de Matières

Il n'est point de question qui touche de plus près un plus grand nombre d'hommes que la question de la production des métaux précieux ; elle intéresse tous les peuples qui sont sortis de la barbarie et qui font quelques échanges avec l'étranger, et chacun de nous, qui chaque jour achetons ou vendons. La monnaie est la mesure des valeurs, et elle est faite d'or et d'argent. Si les métaux précieux deviennent surabondants, les prix montent, et ils baissent si l'or et l'argent n'existent qu'en quantité insuffisante. Or la hausse ou la baisse des prix modifie la situation de tout le monde. La solidarité des peuples est encore plus intime qu'on ne le soupçonne : une décision prise à Berlin ou à Paris en matière monétaire affecte la fortune et le revenu des hommes qui vivent au pied de l'Himalaya ou des Cordillères, aux bords du Fleuve-Jaune ou aux sources de l'Amazone. La facilité de transport des métaux précieux a pour effet de faire du monde entier un seul marché pour l'or et pour l'argent. On frémit en songeant qu'un problème qui touche aux intérêts de l'humanité tout entière se décide souvent dans l'ignorance presque générale des théories et des faits. Comme la question est remise à l'ordre du jour par la réunion de la conférence monétaire à Paris, nous croyons utile de grouper et d'analyser les données les plus récentes qu'on rencontre à ce sujet dans des publications importantes qui jettent un jour nouveau sur la matière. Voyons d'abord la quantité de métaux précieux qui se produit actuellement.

Section I

On estime qu'au moment de la découverte de l'Amérique il n'existait dans le monde connu que pour un milliard de francs de métaux précieux, dont 700 millions d'argent et 300 millions d'or. De 1500 à 1848, la production a été, calcule-t-on, d'environ 44 milliards, dont 30 milliards d'argent et 14 milliards d'or. La production de l'argent est donc plus que deux fois aussi considérable que celle de l'or ; mais avec la découverte des gisements aurifères de la Sibérie, de la Californie et de l'Australie tout change. La production de l'or augmente subitement. De 150 millions en 1846, elle s'élève à environ un milliard en 1852. Elle est donc plus que sextuplée. La production d'argent s'accroît aussi, mais très lentement : de 200 millions en 1846, elle monte à 300 vers 1870. A cette époque, 20 milliards d'or et d'argent avaient été ajoutés aux 44 produits jusqu'en 1848, soit un total général de 64 milliards. Ajoutons 6 milliards pour les sept années écoulées depuis lors, et on arrive à la somme de 70 milliards comme représentant, non le stock existant, mais la production totale depuis la fin du moyen âge jusqu'à ce jour.

De cette somme énorme, combien reste-t-il aujourd'hui en circulation dans le monde sous forme de monnaie ou de lingot en faisant l'office ? Pour en faire l'estimation, il faudrait pouvoir calculer ce qu'ont enlevé l'usure des pièces d'or et d'argent, les naufrages, les enfouissements et les emplois industriels, ou savoir à peu près exactement ce que possèdent en numéraire les t pays. M. Seyd, dont l'autorité en ces matières a été reconnue par les commissions parlementaires anglaise et américaine, arrive aux résultats suivants : En monnaie et lingots d'or environ 18 milliards, en monnaie et lingots d'argent 6 milliards, plus 6 milliards d'argent pour l'Orient. M. Friedrich Xeller porte les métaux précieux en circulation dans le monde occidental à près de 20 milliards pour 1868 [1]. La somme de 24 milliards donnée par M. Seyd pour tout l'Occident, y compris l'Amérique, est peut-être trop élevée ; mais celle de 6 milliards pour l'Orient, si on comprend l'Inde, la Chine et le Japon, l'est manifestement trop peu.

Depuis 1870, un grand changement a eu lieu de nouveau dans la production relative des deux métaux ; celle de l'or continue à décroître depuis 1852 ; celle de l'argent au contraire a augmenté. 1852 marque l'apogée de la production de l'or, qui monte alors à 900 millions ; en 1874 elle tombe à la moitié, 450 millions, et si elle s'est relevée depuis jusque vers 500 millions, c'est grâce à l'or extrait des fameuses mines d'argent du Nevada. Ce sont celles-ci qui ont porté la production de l'argent de 250 à 350 millions. Néanmoins la production totale des deux métaux a notablement diminué : elle a atteint un moment 1 milliard, aujourd'hui elle n'est plus que de 850 millions ; donc 150 millions de déficit.

Essayons maintenant de nous faire une idée de la consommation des métaux précieux. Les arts et l'industrie en absorbent une quantité qui augmente rapidement en raison de l'aisance, qui devient plus générale, et des habitudes de luxe, qui s'étendent et se développent dans toutes les classes. M. Michel Chevalier estimait vers 1855 qu'en dehors de leur emploi comme moyen de circulation la France consommait pour 60 millions de francs d'or et d'argent ; on calcule qu'il lui en faut aujourd'hui plus de 70 millions. L'Angleterre en exige presque autant ; Bagehot, l'éminent et regretté directeur de l'*Economist*, a prouvé qu'elle reliant chaque année au moins 5 millions de livres sterling. Birmingham seul emploie pour 30 millions de francs d'or par an. On a remarqué en Angleterre que, tandis que la consommation de l'argent pour les bijoux et l'argenterie restait stationnaire, celle de l'or avait plus que doublé dans les dix dernières années. Parmi les nations riches à qui il faut beaucoup d'objets d'or et d'argent, il y a lieu de compter encore les États-Unis, la Hollande, la Belgique, le Canada et l'Australie avec 60 millions d'habitants qui exigeront certainement autant que la France ou l'Angleterre, soit encore 70 millions. Si pour toutes les autres nations, Russie, Allemagne, Italie, Autriche, Espagne, les royaumes Scandinaves, le Mexique et toute l'Amérique méridionale, nous prenons une part égale, nous arrivons à un total de 280 millions [2] pour les arts et l'industrie. Maintenant il faut faire face à l'usure des monnaies, au frai. Les estimations du frai varient de 1/4 à 1/2 pour 100 de la valeur du numéraire en circulation. On estime que pour les besoins monétaires il faut environ 250 millions.

L'Indo-Chine absorbe aussi des quantités de métaux précieux très considérables. D'après le *Silver-Committee* anglais, on y aurait expédié depuis quarante ans pour 5 milliards d'argent et pour 2 milliards 1/2 d'or, en tout 7 milliards 1/2, ce qui ferait par an 187 millions de francs. Si l'on ne prend que les vingt-cinq dernières aimées, on arrive à un total encore plus élevé, qui monte à environ 250 millions. Additionnons tous les chiffres de la consommation : 280 millions pour les arts et l'industrie, 250 pour le frai, 250 pour solder la balance du commerce avec l'Asie, et nous arrivons à 780 millions. La production étant de 850 millions, il reste disponibles environ 75 millions annuellement pour les deux métaux.

Qu'on veuille bien faire attention à ce chiffre, il est plein d'enseignements. Il explique d'abord comment l'Allemagne éprouve tant de difficultés, malgré les 5 milliards que la France lui a payés, à terminer sa réforme monétaire ; il prouve aussi que les États-Unis n'auraient pu reprendre les paiements en numéraire sur la base de l'étalon d'or. Cette somme n'est pas suffisante pour faire face aux nécessités de l'échange, qui augmentent en proportion de l'accroissement de la population, de la richesse et du mouvement des affaires. Dans les pays occidentaux, y compris les deux Amériques, la population augmente de plus de 5 millions par an. La quantité de numéraire qui y circule par tête dépasse en moyenne 40 francs. Les statisticiens américains la portent à 50 francs ; en Angleterre elle est de plus de 90 francs et en France de 160 francs. Prenons un minimum : 30 francs. Pour les 5 millions d'habitants dont s'accroît chaque année la population existante, c'est un total de 150 millions qu'il faut ajouter au stock métallique. Ceci suppose que les besoins de la circulation restent les mêmes ; mais ils augmentent considérablement par suite du développement inouï du commerce.

Depuis vingt ans, le commerce extérieur, le seul que puisse relever la statistique, a augmenté en Angleterre de 97 pour 100, en France de 164, en Belgique de 277, en Russie de 269, en Autriche de 215, en Italie de 591. *L'Économiste français*, à qui j'emprunte ces chiffres, estime, d'après M. F. Neumann, le commerce extérieur du monde entier à 77 milliards en 1872 et 30 milliards seulement en 1852, ce qui fait une augmentation de 140 pour 100. Le commerce de l'Europe a triplé, celui du globe entier a plus que doublé, et rien n'indique que ce mouvement doive se ralentir. Sans doute ces énormes transactions se règlent presque toutes par lettres de change ; mais la monnaie y intervient pour une part : donc, à mesure que le commerce international se développe, il en exige davantage. Le capital, devenant cosmopolite, cherche des placements à l'étranger, et ceux-ci exigent presque toujours du numéraire pour le paiement des salaires.

Considérons ce qui se passe sous nos yeux. La Russie a laissé une bonne partie de son or dans la péninsule des Balkans et en Roumanie. Pour remplir un peu ses caisses vides, elle devra conserver pendant bien des années toute la production de l'Oural. Si l'Autriche veut faire des routes, des ponts, des chemins de fer dans la Bosnie et l'Herzégovine et achever la ligne jusqu'à Salonique, elle devra payer en monnaie métallique. L'Angleterre dépensera à Chypre, bon an mal an, 30 ou 40 millions de francs pour la garnison et pour mettre l'île en valeur. Celle-ci n'ayant presque rien à envoyer en retour, c'est encore du numéraire qu'il faudra. Comme l'a démontré M. Cliffe Leslie, dans les pays restés isolés jusqu'à ce jour, mais qui entrent peu à peu dans le mouvement économique de l'Occident, les échanges et les redevances se règlent non plus en nature, mais en argent, et ainsi les prix y montent et se mettent au niveau de ceux des pays où la vie est chère. Ce changement s'est accompli et se poursuit encore en ce moment en Suède, en Norvège, en Russie, en Hongrie, en Espagne, en Italie, en Turquie et dans toute l'Asie. Mais, si les prix montent, il faut plus de numéraire pour régler le même chiffre de transactions.

Ceux qui veulent réduire la quantité totale de la monnaie en expulsant l'argent de la circulation prétendent qu'on emploie de plus en plus d'instruments de crédit, que par conséquent il ne faut pas plus de métal. On se sert plus du crédit, c'est vrai ; mais tout ce crédit a, en fin de compte, une base métallique. La base ne s'accroît pas en raison de l'échafaudage qu'elle supporte, néanmoins elle augmente. En veut-on une preuve sans réplique ? Nulle part on n'a poussé plus loin qu'en Angleterre l'emploi de tous les t de crédit. Pour ne citer qu'un chiffre, les règlements de compte par chèques ont plus que doublé ; de 60 milliards, ils se sont élevés à 130 milliards. M. Bagehot ne cessait de répéter que l'Angleterre était allée trop loin dans cette voie et que son stock de métaux précieux était insuffisant ; cependant depuis trente ans ce stock a beaucoup plus que doublé : on le portait en 1844 à 50 millions sterling, et en 1874 à 120 millions, différence 70 millions sterling, ce qui faisait par an une augmentation d'environ 60 millions de francs. Macculloch estimait qu'il fallait aux nations occidentales pour faire face aux besoins croissants des échanges un accroissement annuel du chiffre des métaux précieux de 250 millions de francs, ce qui le portait à croire que tout l'or des *placers* entrerait dans la circulation sans rien perdre de sa valeur. Il ne semblé pas qu'il se soit trompé en ce dernier point. La puissance d'absorption des métaux précieux qui distingue la France est vraiment inouïe ; l'importation dépasse l'exportation en 1875 de 655 millions, en 1876 de 684 millions, en 1877 de 542 millions, et pour les six premiers mois de 1878 de 250 millions. La moyenne depuis plusieurs années est certainement supérieure à un demi-milliard. La France absorbe donc à elle seule, en une année, le surplus disponible de la production totale des métaux précieux du monde entier ; par le change favorable, elle en enlève aux autres peuples, qui par suite n'en ont plus en quantité suffisante.

On objectera que tout au moins la production de l'argent est surabondante, puisque ce métal a perdu depuis peu d'années et perd encore aujourd'hui de 10 à 15 pour 100 de sa valeur. Quand on parle de la valeur de l'argent, on la compte relativement à l'or et on dit qu'elle est au pair quand l'once d'argent standard vaut à Londres 60 1/2 *pence*, ce qui équivaut au rapport de 1 à 15 1/2 existant en France entre les deux métaux de par la loi. En juillet 1876, l'argent était tombé à 48, et même un jour à 46 d., ce qui représentait un avilissement de plus de 20 pour 100. Depuis lors il s'est relevé jusqu'à 58 d., et maintenant le prix varie de 54 à 56 d. Un fait est donc certain : il s'est établi dans le rapport de valeur des deux métaux, considéré comme normal, un écart considérable. Mais n'est-ce pas l'or qui a enchéri et qui fait prime ? On pourrait le soutenir, car d'une part la production de l'or a beaucoup diminué, et plusieurs pays s'en disputent la possession, et d'autre part, dans les pays à étalon d'argent, comme l'Inde par exemple, on n'a constaté aucune hausse générale des prix. Or c'est ainsi que se manifeste l'abaissement de valeur de la monnaie. En tout cas, la commission nommée par le parlement anglais pour s'enquérir des causes de la dépréciation de l'argent, le *Silver-Committee*, présidé par l'éminent financier et économiste M. Goschen, a démontré h la dernière évidence que ce phénomène avait pour cause, non un excès de production, mais les ventes d'argent faites par l'Allemagne, — ce qui augmentait l'offre, — et la suspension de la frappe de ce métal dans les états de l'union latine, — ce qui réduisait la demande. Ajoutez à cela une réduction tout à fait inusitée des envois d'argent vers l'Inde.

On avait fait grand bruit des centaines de millions dont les mines du Nevada, et surtout le fameux *Comstock lode*, allaient inonder l'Europe. Quand on a examiné les faits de plus près, on s'est aperçu que ce filon, qui est en effet le plus riche que l'on ait jamais trouvé, livre presque autant d'or que d'argent, — 49 pour 100 en valeur, — et que par suite il ne peut guère avoir modifié le rapport entre les deux métaux. D'après le docteur Linderman, directeur de la Monnaie aux États-Unis, la production totale d'argent dans l'Union peut être portée pour 1875 à 160 millions de francs, dont 110 millions pour l'état de Nevada. Les agents de MM. Rothschild à San-Francisco estiment la production totale de l'argent aux États-Unis à 200 millions pour la même année 1875. En 1876, les mines du Nevada ont donné plus que l'année précédente ; mais l'année 1877 a été moins favorable, et le produit est retombé à ce qu'il était en 1875. On travaille déjà à 2,000 pieds de profondeur. Les difficultés augmentent, car les parties les plus riches du filon montrent des signes d'appauvrissement. Ce qui est de mauvais augure pour l'avenir, c'est que le cours des actions de la mine la plus riche, le *Consolidated Virginia*, qui a distribué à ses actionnaires 60 millions de francs en 1875, tombe rapidement. En résumé, le Nevada avait apporté à la production totale de l'argent un surplus de 100 à 120 millions, et comme le bas prix du métal a découragé les autres entreprises, qui ont donné 30 ou 40 millions en moins, il ne reste qu'un accroissement net de 90 millions environ. Or, loin que l'argent du Nevada soit venu inonder l'Europe, les États-Unis en ont envoyé en Angleterre beaucoup moins pendant les années ou ce métal a baissé de prix que quand il était encore au pair, 5,690,000 livres sterling en 1872, 4,575,000 en 1873, 5,990,000 en 1874, et seulement 3,475,000 en 1875, et 3,090,000 en 1876. On peut donc affirmer que la baisse de l'argent provient des mesures législatives prises en Europe, — expulsion de ce métal de l'Allemagne et fermeture des monnaies dans l'union latine, — et non, comme on se l'était figuré, du surcroît de production des mines américaines. Le surplus a été absorbé par la frappe de la monnaie divisionnaire aux États-Unis et par les expéditions directes de San-Francisco pour la Chine.

Rien n'est plus curieux que le rôle régulateur joué par la France dans le chassé-croisé de l'argent en Europe. Le *Silver-Committee* anglais nous le montre avec une admirable précision. Pendant les quatre années de J 872 à 1875, l'argent a été soumis à des mouvements tout à fait extraordinaires. L'Allemagne et les états Scandinaves ont expulsé de leur circulation pour environ 200 millions de francs de ce métal, l'Autriche 100 millions, et l'Italie, réduite complètement au papier-monnaie, a écoulé au dehors 200 millions. En ajoutant à ces sommes le chiffre de la production, on arrive à un total de 1,850 millions. L'Inde en a absorbé 225 millions, la Chine, le Japon et le reste de l'Orient 250 millions ; les États-Unis 200 millions, la Russie 100, l'Espagne 100, l'Angleterre 125, et la France à elle seule 837 millions, c'est-à-dire 337 millions plus que n'en ont libéré l'Allemagne, les états Scandinaves, l'Autriche et l'Italie tous ensemble. C'est ainsi que la France s'est donné, pour emprunter l'expression si forte et si juste de M. Rouland, cette solide base métallique qui la met à l'abri des crises commerciales et qui lui a permis de faire face, avec une facilité que nul n'osait prévoir, au paiement d'une indemnité et de frais de guerre de 9 à 10 milliards.

Il reste à examiner si dans l'avenir l'équilibre entre l'offre et la demande de l'argent se maintiendra et si l'accroissement de la production n'en amènera pas la dépréciation. Les deux *Silver-Committees*, celui du parlement anglais et celui du congrès américain, donnent à cet égard des chiffres très rassurants. Les mines du Mexique produisent moins, celles du *Comstock lode* semblent arriver à leur apogée, et c'est tout au plus si le développement des autres exploitations compensera la réduction de celle-ci. En tout cas, le surplus d'argent n'est pas suffisant pour combler le déficit que laisse la production de l'or, de sorte que, si on laisse à l'argent dans la circulation la place qu'il y a toujours occupée, l'emploi de ce qu'il s'en extrait dans le monde est tout trouvé. Cette quantité n'est guère aujourd'hui, d'après les meilleures autorités, que de 350 millions ; mettons qu'elle s'élève à 400 millions. L'Inde en absorbe en moyenne environ 200 millions par an, et, à en croire les témoignages recueillis par le *Silver-Committee* anglais, rien n'annonce que ces exportations doivent diminuer. D'après le colonel Hyde, grâce aux travaux publics exécutés dans le pays, l'emploi de l'argent comme intermédiaire des échanges remplace peu à peu le troc dans les provinces écartées, et des sommes considérables deviennent ainsi nécessaires. Elles augmentent à mesure que le commerce embrasse de nouveaux territoires. Selon M. Mackenzie, les indigènes convertissent une bonne partie de l'argent qui arrive dans leurs mains en ornements de toute espèce. C'est là, à vrai dire, leur caisse d'épargne. Dans chaque village, il y a un artisan travaillant les métaux précieux (*silversmith*), et aussitôt que l'un des indigènes a quelques roupies, il l'appelle pour qu'il lui en fasse des bracelets, des colliers ou d'autres ornements. Quoique les habitations soient pauvrement meublées, il s'y trouve plus d'objets en argent que dans celles des paysans européens de même condition. Toutes les exportations de l'Inde, celles de thé, de café, de jute, de laine, de froment, augmentent rapidement, de sorte que la balance en faveur de ce pays peuplé de 230 millions d'habitants s'est élevée d'une moyenne de 200 millions il y a vingt ans, à environ 500 millions aujourd'hui. Aussi l'exportation de métaux vers l'Inde, momentanément réduite, a dépassé depuis deux ans son ancien niveau. Durant les vingt-cinq dernières années, l'extrême Orient a absorbé les neuf dixièmes de tout l'argent produit dans le monde. Les arts et l'industrie en Europe prennent au moins 70 millions ; 10 millions pour l'Amérique est peu ; ajoutez une somme égale pour les besoins monétaires, et on voit qu'il n'y a rien de trop dans ce qui reste disponible.

Il ne faut pas oublier qu'un puissant consommateur apparaît sur le marché, les États-Unis qui, par le *Bland-bill*, ont repris l'argent comme agent de paiement illimité, avec une frappe obligatoire pour l'état de 2 à 4 millions de dollars par mois, soit de 110 à 220 millions de francs par an. Il y a là de quoi absorber tout le surplus produit par les mines du Nevada. On a vivement reproché le *Bland-bill* aux États-Unis comme un procédé déshonnête et comme une spoliation de leurs créanciers ; il importe que dans la *Revue*, qui se fait un devoir d'être juste envers tous, la vérité des faits soit rétablie. Les titres de rente émis de 1862 à 1870 stipulaient qu'ils étaient payables, intérêt et capital, en monnaie légale, coin, et non en or seulement. La loi du 14 juillet 1870, autorisant la conversion (*refunding*) de l'ancienne dette, dit que les nouveaux titres seront payables en numéraire de la valeur actuelle, et les titres portent en toutes lettres : *remboursables en numéraire des États-Unis à la valeur légale du 14 juillet 1870 avec les intérêts en même numéraire*. Or la monnaie légale dans l'Union jusqu'au 12 février 1873 a été le dollar d'or de 25.80 grains et le dollar d'argent du *Bland-bill* pesant 412.50 grains. Le dollar d'argent ne circulait pas parce que, valant plus comme marchandise que le dollar d'or, il était exporté, mais il possédait la pleine puissance libératoire. Les

États-Unis ont donc le droit de s'en servir pour payer leurs dettes, puisqu'ils l'ont même expressément stipulé. Il y a quelques années, l'or seul était resté dans la circulation ordinaire en France ; en résulte-t-il qu'elle ait perdu le droit de payer ses créanciers en écus de 5 francs ? Les États-Unis n'ont donc failli à aucun engagement et en cela ils l'emportent sur la plupart des états européens, y compris l'Angleterre, qui presque tous ont imposé des sacrifices à leurs créanciers sous forme d'impôts, de réduction d'intérêt, de conversion forcée ou de paiement en papier déprécié.

Le congrès, dit-on, a obéi aux influences des *silvermen*. N'est-ce pas M. John Jones qui a été le rapporteur de la *silver-commission*, et n'est-il pas le plus puissant actionnaire de la *Virginia Consolidated* ? Le congrès n'a probablement pas agi par pur amour du bimétallisme et des théories de M. Cernuschi ; mais, si un état peut ouvrir un débouché à un de ses principaux produits, sans protection et sans prime, doit-il s'en abstenir ? La France n'a-t-elle pas adopté pour les troupes de ligne le pantalon rouge, afin de favoriser la culture de la garance ? On reproche à M. Cernuschi d'avoir franchi l'Océan pour inoculer aux Yankees le virus de ses hérésies économiques. Mais l'Europe doit bénir les États-Unis de lui avoir épargné une crise effroyable que ceux-ci lui auraient inévitablement infligée en essayant de lui enlever le milliard d'or [3] nécessaire pour reprendre les paiements avec ce seul métal. On sait la peine qu'a eue l'Allemagne, quoiqu'elle disposât de 5 milliards. Où et comment les États-Unis auraient-ils pris même un 1/2 milliard d'or, alors que d'ordinaire ils ne peuvent même conserver le produit des placers de la Californie ? Deux faits démontreront à l'évidence la perturbation qu'une semblable opération aurait jetée sur le marché monétaire européen et surtout anglais. Voici ce que rapporte le sénateur Boutwell, ancien secrétaire de la trésorerie de l'Union. Les États-Unis, ayant vendu à Londres un lot considérable de *bonds*, avaient à leur disposition à la Banque d'Angleterre une somme équivalant à 110 millions de francs. La Banque fit avertir la trésorerie américaine qu'elle ferait tout ce qu'elle pourrait pour entraver le retrait brusque de cette somme, et elle demandait qu'elle fût réemployée en valeurs américaines. Les États-Unis furent obligés de céder. Lorsqu'il fallut payer les 75 millions d'indemnité de l'*Alabama*, les cercles commerciaux, craignant l'effet désastreux du retrait de cette somme en numéraire, s'adressèrent au gouvernement, et il fut convenu que le paiement se réglerait en valeurs et non en métal. On voit combien est réduite en Europe la quantité d'or disponible. Le marché monétaire anglais est si sensible que le retrait de quelques millions sterling oblige la Banque à des hausses successives de l'escompte. L'enlèvement de 1 milliard ou même d'un 1/2 milliard de francs, équivalant à toute l'encaisse de la Banque, aurait provoqué une crise bien plus désastreuse encore que celle de 1846 et de 1857. Aussi les journaux financiers de Londres, après avoir tonné contre le *Bland-bill*, ont-ils fini par avouer qu'il avait du bon. Il n'y a que le réservoir français qui pourrait faire face à une semblable demande, mais n'y puise pas qui veut. Le change favorable le met presque toujours à l'abri des atteintes des autres pays.

Avec l'argent, l'Union arrivera peu à peu aux paiements en espèces en monnayant le produit des mines du Nevada, sans porter le trouble sur le marché européen. Pour se procurer de l'or, par une balance du commerce favorable, il aurait fallu entraver encore plus les importations d'Europe, augmenter les droits protecteurs, les rendre prohibitifs et porter un dernier coup à nos industries. Voilà cependant ce que des économistes conseillaient au congrès ! L'émotion produite par le *Bland-bill* et la crainte de se voir payé en Amérique au moyen d'un métal déprécié semblent avoir complètement disparu, car les *bonds* américains sont cotés plus haut aujourd'hui que lorsqu'ils n'étaient payables qu'en or, et le trésorier peut poursuivre la conversion avec les plus grandes facilités. Les États-Unis échappent ainsi à la pénalité dont on les avait menacés pour leur félonie. La rente française est aussi payable en argent : on ne voit point que cela l'empêche de monter. Si l'Allemagne veut achever sa réforme monétaire et démonétiser aussi ses thalers, elle aurait encore, estime-t-on, environ pour 1/2 milliard d'argent à vendre. C'est le seul point noir qui subsiste à l'horizon du métal blanc. Sans cette offre éventuelle qui menace le marché, on pourrait dire que la production de l'argent comme celle de l'or est insuffisante sur la base des prix actuels. En effet, outre les États-Unis, trois autres grands pays, l'Italie, la Russie et l'Autriche, réduits maintenant au papier-monnaie, voudront revenir à la circulation métallique. A chacun d'eux il faudrait au moins 1 milliard. On peut donc dire qu'il faudrait 4 milliards rien que pour rétablir les paiements en numéraire dans les quatre pays qui depuis plusieurs années font de sérieux efforts pour y parvenir. Je ne vois pas où on les prendrait, à moins de réduire partout la quantité de monnaie et d'abaisser les prix en proportion, ce qui serait une véritable calamité. Où en serait-on, si on voulait en outre démonétiser partout l'argent ?

Section II

Si la production annuelle des métaux précieux paraît aujourd'hui insuffisante, c'est parce que celle de l'or diminue constamment. Il y a donc lieu de se demander s'il n'y a pas d'espoir de la voir se relever au niveau d'il y a trente ans. L'expérience de ces dernières années a montré combien il est imprudent de se faire prophète en pareille matière. En 1850, on se croyait menacé d'une inondation d'or, et on réclama avec les plus vives instances la démonétisation de ce métal. Deux petits pays, qui comme tels ont cependant le plus grand intérêt à ne pas s'isoler de leurs voisins, la Hollande et la Belgique, prirent les devants et adoptèrent l'étalon unique d'argent. De différents côtés on engagea la France et même l'Angleterre à imiter cet exemple. Macculloch annonça dès lors que bientôt ces alarmes se dissiperaient, que la faveur reviendrait à l'or, et que ce serait l'argent qui à son tour serait menacé de proscription. Ses prévisions ce réalisent maintenant. Un géologue d'une autorité reconnue, M. Edouard Suess, professeur à l'université de Vienne, vient de publier à ce sujet un volume du plus grand intérêt : *l'Avenir de Vor (die Zukunft des Goldes)*. Il mérite surtout de fixer l'attention parce qu'il s'appuie sur des faits soigneusement recueillis et rigoureusement discutés. Voici les conclusions auxquelles il arrive.

D'après M. Suess, il y a un rapport de cause à effet entre la rareté des métaux précieux et leur poids ou densité. Le plus lourd des métaux, l'iridium, qui pèse 22.23 fois autant que l'eau distillée, ne se rencontre qu'en quantité tout à fait minime dans les lavages de platine. Le platine, poids spécifique 21.5, ne se trouve guère que dans le district de *Nijni-Tagil*, et depuis 1823 il ne s'en est produit que 66,000 kilogrammes. L'or, poids spécifique 19.25, et le mercure, poids spécifique 13.59, sont plus rares que l'argent, poids spécifique 10.47. Le mercure ne se rencontre, combiné avec le soufre sous forme de cinabre, que dans très peu de localités, à Huanca Velica dans le Pérou, à Idria en Carinthie, à Almaden en Espagne, et à New-Almaden en Californie. La production, qui a beaucoup augmenté dans ces dernières années, ne s'est cependant élevée en 1876 qu'à 3,250,000 kilogrammes. L'or, plus pesant que l'argent, apparaît dans le sable des rivières et dans la gangue des roches en plus d'endroits que l'argent, mais toujours en quantité beaucoup moindre, et la production totale ne s'élève qu'à 160,000 kilogrammes, tandis que celle de l'argent s'élève à 1,750,000 kilogrammes.

Pour expliquer cette concordance entre le poids, la rareté et la valeur des métaux, M. Suess adopte une idée émise il y a trente ans déjà par un géologue allemand, Petzholt, qui écrivait en 1845 : « Si l'or et le platine ne sont recueillis qu'en petite quantité, c'est à cause de leur énorme poids spécifique, qui les a précipités dans les couches les plus profondes vers le centre en fusion de la terre, où ils se dérobent pour toujours à la main de l'homme. » Il est un fait qui semble confirmer cette hypothèse. Le poids spécifique des planètes n'est pas le même : elles peuvent se diviser sous ce rapport en deux groupes séparés par la zone des astéroïdes. Dans la région intérieure relativement au soleil tournent les planètes lourdes. Mercure, la plus rapprochée du soleil, pèse 6.84 fois autant qu'un volume égal d'eau. Vénus, la Terre et Mars, pèsent au moins 5 fois autant que l'eau. Au-delà des astéroïdes gravitent les planètes légères : Jupiter avec un poids spécifique de 1.29, Saturne avec le chiffre de 0.73 et Uranus avec celui de 0.82 pèsent moins que l'eau. La planète la plus éloignée, Neptune, doit être extrêmement légère, et le Soleil lui-même ne pèse que 1.42. Le poids spécifique de la Terre est représenté par le chiffre 5.56. Or les roches et les matières qui forment la superficie de la planète ont à peine la moitié de ce poids (2.7 ou 2.8 en moyenne). Pour que notre planète arrive au poids de 5.56, il faut nécessairement que l'intérieur renferme une grande proportion de corps très lourds. Au siècle dernier, Kant exprimait déjà l'idée que dans la formation du système planétaire les matières les plus pesantes avaient dû se réunir vers le centre, ce qui explique comment les planètes les plus rapprochées du soleil sont les plus pesantes. L'analyse spectrale n'a pas découvert de métaux précieux dans le soleil ; on peut en conclure que ces métaux se trouvent à l'intérieur et non dans son enveloppe, qui est encore à l'état gazeux.

Si en effet l'or et l'argent ont été attirés par leur poids dans les couches centrales de notre globe, comment se fait-il cependant qu'on en rencontre dans les roches de la superficie et dans le sable des rivières formé par la désagrégation de ces roches ? Il faut remarquer d'abord qu'on trouve les métaux précieux dans des veines de quartz qui traversent les couches et très rarement dans celles-ci. La croûte terrestre en se refroidissant a dû se contracter ; il s'est formé ainsi des fentes et des fissures qui se seront remplies de filons métallifères. Mais comment le métal, et notamment l'or et l'argent, que leur pesanteur devait retenir au centre, sont-ils arrivés dans ces filons jusqu'à la surface ? On suppose qu'ils y ont été apportés par les eaux thermales ou par sublimation, c'est-à-dire par la vaporisation du métal soumis, au sein du globe, à une température énorme. Non-seulement on vaporise l'or et l'argent dans les laboratoires ; mais dans les fours de fusion, en Amérique, on a parfois remarqué que les parois des cheminées s'étaient couvertes d'une légère couche d'argent ou s'étaient imprégnées d'or. Les mineurs prétendent qu'il s'échappe toujours une certaine quantité de métaux précieux sous forme de vapeur. Cette théorie explique la formation dans la gangue de ces gîtes très riches en métaux précieux qu'on appelle *bonanzas* en Amérique et *edle saülen* (nobles colonnes) à Schemnitz en Hongrie. Les mineurs américains les nomment aussi *chimneys*, et ce sont en effet, semble-t-il, comme des cheminées dans le filon, par où les vapeurs métalliques ont pu plus facilement monter et se déposer. Dans la gangue remplissant la crevasse s'est ouvert une sorte de trou qui plongeait jusque dans les profondeurs de la terre. La principale richesse du *Comstock lode* provient d'une de ces « cheminées. »

On comprendra mieux comment se présentent ces filons métallifères par un aperçu de cette veine fameuse dont la production colossale, — plus d'un milliard en quinze ans, — a tant contribué à jeter le désarroi dans le marché monétaire. Parallèlement à la Sierra

Nevada et à l'ouest se prolonge une chaîne, la *Virginia Range*, qui se compose de roches volcaniques de formation récente. Ces roches ont submergé la partie inférieure des montagnes plus anciennes et entre autres le mont Davidson, formé de syénite qui s'élève à 7,827 pieds. — A l'endroit où s'arrête la roche volcanique plus moderne qu'on désigne sous le nom de propylite, à une altitude de 5,800 à 6,000 pieds, apparaît le filon du *Comstock lode*. Une fissure s'est produite entre la montagne ancienne et la roche plus récente qui est venue la recouvrir. Cette fissure s'étend sur un espace d'environ 22,000 pieds. Elle a une largeur très variable, tantôt de plusieurs centaines de pieds, tantôt elle est comme étranglée entre les deux parois de syénite et de propylite. Des tranches détachées de ces parois la remplissent par endroits ; le reste de la place est occupée par du quartz métallifère dans lequel se rencontrent les « cheminées » des bonanzas. La plus puissante de celles-ci est la bonanza de Gold Hill, qui descend jusqu'à une profondeur de 700 pieds. Plusieurs sociétés exploitent ce prodigieux filon. La plus productive est aujourd'hui la *Virginia Consolidated*, qui, sur les 125 millions de francs qu'a livrés le *Comstock lode* en 1875, en a donné 85. La richesse de la veine a été reconnue jusqu'à 1,600 pieds. Des bures ou puits d'extraction atteignent déjà des profondeurs de 700 à 800 mètres, et on en a commencé un qui doit descendre à 1,200 mètres. Quand il arrive à 600 mètres, l'ouvrier rencontre de très grandes difficultés. La température s'élève à 50 degrés centigrades, et il faut les plus puissans ventilateurs pour la maintenir à 30 degrés. Le travail doit être interrompu toutes les dix minutes et il ne peut être soutenu longtemps.

Examinons maintenant les motifs qui font croire à M. Suess que la production de l'or ira en diminuant malgré des accroissements qui peuvent être momentanément considérables, mais qui, d'après lui, ne dureront pas. L'or s'obtient de deux façons : il est ou bien extrait de la gangue qui le contient ou recueilli à l'état de paillettes, de pépites ou même de rognons (*nuggets*) dans les alluvions. On trouve principalement l'or dans les régions volcaniques et toujours plus ou moins associé à l'argent. Ce rapport intime qui semble exister entre les filons aurifères et argentifères et les roches volcaniques s'explique aisément. Là où les phénomènes éruptifs et le travail violent du feu central ébranlent et déchirent la croûte terrestre, il se forme des crevasses qui se remplissent ensuite de quartz, et d'or et d'argent apportés des grandes profondeurs par la sublimation. Les régions où l'on trouve les métaux précieux peuvent se diviser en trois catégories : 1° La région des roches volcaniques relativement récentes, où l'argent est plus abondant que l'or, — c'est là que se trouvent les mines du Nevada et le *Comstock lode*, celles du Colorado et celles des Karpathes. Ces roches ne semblent pas abandonner leur métal à l'action des eaux : elles ne forment guère d'alluvions aurifères. 2° La région des roches volcaniques anciennes comme la diorite. Elles contiennent peu d'argent, mais produisent de très riches dépôts de détritus. C'est là qu'on rencontre les exploitations de l'Australie, Victoria, Queens-land et Nouvelle-Zélande. 3° Enfin il est une troisième région où l'action volcanique n'a agi qu'à l'intérieur. C'est celle où l'on rencontre les filons aux points de contact des schistes avec les granits. On peut citer comme exemple le filon si riche nommé *Mother lode* en Californie et les exploitations, au sud des Alpes, dans le val Anzasca et dans le val Sesia. Dans cette région, les filons sont parfois très nombreux, mais très peu importants, comme dans la province australienne de Victoria, où ils se comptent par milliers ; d'autres fois ils se distinguent au contraire par leur étendue comme en Californie. L'or y est bien moins abondant que dans les districts volcaniques et ne se trouve que par places. L'exploitation des filons produit beaucoup moins que celle des alluvions. Pour ceux-ci, on procède d'abord au lavage des sables aurifères des rivières, qui constituent les *placers*. Plus tard on attaque les dépôts plus profonds, souvent recouverts d'autres couches de terrains, les *deep leads*, et alors il faut employer les béliers hydrauliques inventés en Californie, qui exigent déjà d'immenses travaux pour amener la masse énorme d'eau qu'exige ce travail. Ce sont les alluvions qui ont produit presque tout l'or que nous possédons. Si l'on prend les trente dernières années, on constate que 83 pour 100 de l'or en provient et 12 pour 100 seulement des filons. En ce moment, par suite de la richesse en or du *Comstock lode*, la proportion est différente : les filons produisent un tiers. C'est qu'en effet les placers s'épuisent vite. On les trouve dans les pays vierges ; mais aussitôt on s'y précipite de toutes parts. En peu de temps la production atteint son apogée ; puis elle décline peu à peu et enfin s'arrête quand tout le terrain est épuisé, ce qui n'a jamais beaucoup tardé. Les lavages de la Californie et de l'Australie ne donnent plus guère que le tiers de ce qu'ils livraient il y a vingt-cinq ans. Ceux de la Sibérie augmentent ; ils ont donné, en 1869, 113 millions de francs, et en 1872,131 millions ; mais c'est à la condition d'avancer sans cesse vers l'est. On est déjà arrivé ainsi jusque sur l'Amur. Sans doute il n'est pas improbable qu'on trouve encore de nouvelles alluvions aurifères dans des pays encore peu connus, notamment à l'ouest du Brésil, dans l'Afrique centrale et dans l'intérieur de l'Australie ; mais, le passé récent le fait prévoir, du moment qu'on les exploitera avec l'énergie qu'on y met aujourd'hui, ils ne dureront pas plus longtemps que ceux de l'Australie et de la Californie. Il reste, il est vrai, l'attaque directe des filons par l'art des mineurs ; mais quand on ne rencontre pas des gîtes très riches, les frais dépassent bientôt les bénéfices. C'est pour ce motif qu'en Europe comme en Amérique et déjà en Australie tant d'exploitations sont aujourd'hui abandonnées.

C'est une remarque d'Hérodote, qu'Alexandre de Humboldt a mise en tête de ses recherches sur les métaux précieux, que l'or vient toujours des limites extrêmes où s'arrête la civilisation. Très souvent c'est le premier fruit de la colonisation. Dans l'antiquité, l'or arrivait de l'Inde et de la Perse, de l'Arabie et du Nil, d'Ophir, des montagnes de la Dacie et de l'Espagne. Dans les premiers temps du moyen âge, la Bohême en livre un peu ; mais vers la fin de cette époque la production paraît avoir cessé, du moins pour l'Europe. Après la découverte du Nouveau Monde, Mexico, le Pérou, les Antilles, plus tard le Brésil, apportent un contingent considérable ; mais vers 1830 on ne recueille presque plus rien, trente millions par an en tout, estime Macculloch. En 1848, nouvel afflux plus considérable que tous les précédents ; mais plus on produit, plus l'épuisement vient tôt. Plusieurs des régions naguère les plus riches, comme la Californie, Montana, Idaho, Jeniseï, Victoria, montrent des signes indéniables d'un rapide appauvrissement. La conclusion du livre, si rempli de faits, de M. Edouard Suess est que la production de l'or ira en diminuant, comme c'est du reste le sort de toutes les industries extractives qui épuisent le fonds qu'elles exploitent, — que par conséquent la quantité de ce métal deviendra complètement insuffisante pour faire face aux besoins croissants des arts, du luxe et du monnayage. D'après le savant géologue viennois, c'est à peine si l'or et l'argent réunis offriront un moyen d'échange suffisant. Si donc on devait écouter les partisans de l'unique étalon d'or et expulser l'argent, on arriverait aux conséquences les plus désastreuses. Ce point étant contesté, il importe d'y fixer un moment l'attention.

Section III

Quelle influence exerce sur l'économie sociale l'accroissement ou la diminution de la monnaie ? Cette question est de la plus grande importance, et cependant jusque dans ces derniers temps elle a été peu approfondie et discutée. Dans son livre *de la Baisse probable de l'or* (1859), M. Michel Chevalier montre très bien que l'augmentation de la quantité de la monnaie et par conséquent la diminution de sa valeur est favorable aux débiteurs et défavorable aux créanciers d'une somme fixe en numéraire. Mais n'a-t-elle pas pour effet de stimuler l'industrie et le commerce ? C'est un point que l'éminent économiste n'a pas examiné. Dans son essai *sur la Monnaie*, si plein de vues justes et fines, Hume donne la vraie solution en quelques mots : « On voit, dit-il, dans un état où le numéraire commence à circuler avec plus d'abondance qu'auparavant tout prendre une face nouvelle. Le travail et l'industrie se vivifient. Le marchand devient plus entreprenant, le manufacturier plus diligent et plus habile, et le fermier lui-même conduit la charrue avec plus de soin et d'activité. Le bonheur domestique d'un état n'est pas intéressé à ce qu'il existe plus ou moins de numéraire ; mais les magistrats doivent s'efforcer, autant que possible, de faire en sorte que la quantité s'en accroisse régulièrement, parce que de cette façon contribuent à entretenir l'esprit d'entreprise dans la nation et à augmenter la masse du travail, en quoi consistent la vraie puissance et la richesse réelle. Un pays où la quantité de monnaie diminue est alors plus faible et plus misérable qu'un autre pays qui ne possède pas plus de monnaie, mais où celle-ci augmente. » Quoique Hume eût ainsi démêlé les différents aspects du problème avec une perspicacité vraiment merveilleuse pour un temps où les questions financières étaient encore si peu étudiées, Stuart Mill y hésite et se contredit. Au chapitre XXII du livre de ses *Principles of political economy*, il enseigne que ce qui importe c'est l'abondance des capitaux, non celle du numéraire. Dans l'édition populaire du même livre publiée plus tard, il reconnaît, page 352, que « l'addition de toute quantité nouvelle d'or ou d'argent qui arrive sur le marché des prêts a pour effet d'amener une diminution du taux de l'intérêt » et par suite de stimuler l'esprit d'entreprise.

Aux États-Unis, le problème a été examiné et discuté sous toutes ses faces, parce qu'il était un objet de dissidence entre deux grands partis, les *inflationists* d'un côté, les partisans du *hard money* de l'autre. Les partisans du *hard money*, de la monnaie métallique, veulent rétablir le plus tôt possible la circulation monétaire, au risque de diminuer la quantité des moyens d'échange, et par suite les prix. Les *inflationists* veulent maintenir et même augmenter la circulation des billets, afin de ne pas aggraver les charges des débiteurs et de ne pas enlever aux échanges l'intermédiaire abondant dont ils ont besoin. Ceux-ci paraissent avoir la majorité dans la chambre des représentants, car dans les derniers jours de la dernière session une résolution a été votée par 133 voix contre 120, à l'effet de retarder le moment de la reprise des paiements en espèces fixée au 1er janvier de l'année prochaine. Cette résolution n'a pas encore été soumise au sénat, qui probablement la rejettera. Dans ces débats où chaque parti est principalement guidé par ce qu'il croit être son intérêt, beaucoup d'hérésies économiques sont débitées ; cependant certaines vérités indéniables ont été établies et résumées dans le chapitre du rapport de la *Commission monétaire américaine* de 1877, intitulé : *Shrinking money fatal to labor*, a quand la quantité de monnaie diminue, le travail en souffre. » Tâchons d'exposer ce point, qui domine toute la question monétaire.

Un riche capitaliste vient s'établir dans un canton écarté où le numéraire est rare et où tout est à bon marché. Il emploie une partie de ses fonds à faire des prêts ; par suite de la concurrence, il fait baisser le taux de l'intérêt. L'intérêt diminuant, des affaires qui auraient donné auparavant un bénéfice trop minime pour payer 5 ou 6 pour 100 deviennent avantageuses maintenant qu'il ne faut plus payer que 2 ou 3. Une activité nouvelle est ainsi imprimée à l'industrie. Le capitaliste lui-même améliore ses propriétés, empierre les chemins, bâtit des fermes ; toute la main-d'œuvre est rétribuée en numéraire. Les ouvriers dont le salaire augmente consomment davantage. Pour faire face à ces consommations plus fortes, il faut de nouvelles fabriques. Ainsi la prospérité est partout. Le numéraire nouveau, entrant dans la circulation, fait hausser les prix. Ceux qui ont des marchandises prêtes font alors des bénéfices exceptionnels, et tout le monde gagne. Bientôt, il est vrai, ces sources exceptionnelles de profits tarissent, car le fabricant doit plus débourser pour la main-d'œuvre ; mais l'élan a été donné, et le district est définitivement enrichi. L'accroissement de la population et des échanges a même ouvert un nouveau débouché au numéraire, qui ainsi, quoique accru, peut ne pas se déprécier. C'est précisément là l'effet qu'a produit le demi-milliard d'or qu'a fourni annuellement la Californie de 1850 à 1870. Il a provoqué d'abord ce prodigieux accroissement de la production et des échanges, ce développent inouï de l'industrie et du commerce qui ont eu lieu à cette époque. Ce n'est que plus tard et insensiblement qu'il en est résulté une hausse des prix presque annulée aujourd'hui. La commission monétaire néerlandaise de 1873, composée d'hommes très compétents, résume parfaitement les effets de l'abondance du numéraire. On lit dans son rapport : « Il est reconnu que l'abondance ou la rareté du métal qui est la base du système monétaire, en rendant aussi rare ou abondant le moyen de circulation, a une grande influence sur le marché du crédit. Pour occasionner un changement général du prix, la rareté ou l'abondance doit avoir quelque durée. Elle fait sentir son premier effet sur le marché du crédit, et si elle est de courte durée, cet effet se limite en grande partie à cela. La rareté de l'agent de la circulation produit un marché du travail tendu et fait monter le taux de l'escompte. » Nous avons vu comment l'abondance du numéraire, quand elle se produit, stimule l'industrie et favorise le travail.

L'effet contraire a lieu quand l'argent devient plus rare. En effet alors les prix baissent. Il s'ensuit que les fabricants vendent leurs produits sans bénéfice ou même à perte. Pendant la crise actuelle beaucoup de manufacturiers n'ont pas retiré de la vente des marchandises fabriquées de quoi couvrir la dépense de la matière première. Poussé par la baisse, on vend à tout prix, et les moins bien outillés ou les plus endettés font faillite. Comme il n'y a rien à gagner dans l'industrie, l'argent s'accumule immobile dans les banques. On recherche les placements sûrs qui atteignent alors un taux de capitalisation inusitée. Comme tout baisse, on a intérêt à garder son numéraire disponible, parce que sa puissance d'acquisition augmente sans cesse. On achètera meilleur marché demain qu'aujourd'hui, et ainsi celui qui possède de l'or s'enrichit sans rien entreprendre. Faute d'emploi pour les ouvriers, leur salaire baisse. Leur revenu diminuant, ils réduisent leurs achats. Les fabriques vendent moins, et la stagnation devient générale. C'est un cercle vicieux où la baisse engendre la baisse et où tout le monde perd, sauf les détenteurs du numéraire. Le travailleur s'irrite contre le chef d'industrie forcé de réduire les heures du travail ou le salaire. Le mécontentement, la haine, l'esprit de révolte, se répandent dans les classes laborieuses. Les grèves, les attentats, les insurrections à main armée, comme l'an dernier aux États-Unis, telles sont les conséquences de la détresse universelle, produite par la baisse des prix.

Les théoriciens de l'économie mathématique soutiennent, il est vrai, que la quantité du numéraire importe peu, et que les échanges se font aussi bien avec peu qu'avec beaucoup d'argent. En effet, disent-ils, enlevez à la France la moitié de son numéraire, tous les prix tombant aussi de moitié, la circulation se fera aussi facilement qu'auparavant, car avec un franc on achètera autant de denrées qu'avec deux francs précédemment. Cela est vrai dans une situation établie sur cette base. Ainsi en Russie, au Japon, la monnaie était rare, et par suite les prix très bas. Les échanges n'étant pas actifs, ils s'accomplissaient sans entraves et sans perte pour personne. Mais on ne peut songer sans frémir aux crises successives et prolongées qu'il faudrait faire subir à des pays industriels comme la France et l'Angleterre pour les amener à faire leurs échanges sans cesse croissants, avec une quantité moindre de numéraire. Les entreprises sont fondées, les dettes conclues, les obligations émises, les rentes créées sur la base de certains prix. Diminuez notablement ces prix, toutes les dettes deviennent plus lourdes, l'hypothèque écrase la propriété, le fabricant est en perte ; c'est un bouleversement général, une ruine universelle, dont les créanciers eux-mêmes pâtissent par les faillites de leurs débiteurs. C'est seulement quand la liquidation sera faite, au milieu de désastres sans nombre, que l'équilibre s'établira sur la base d'un numéraire moins abondant et de prix réduits.

On peut voir en ce moment l'effet produit par les deux systèmes, celui de la rareté et celui de l'abondance de la monnaie. L'Allemagne a raréfié l'instrument des échanges d'abord en supprimant les trop petites coupures de billets de banque et ensuite en remplaçant l'argent démonétisé par de l'or, qu'elle défend avec peine contre un change défavorable qui à chaque instant le lui enlève. La France, au contraire, à côté d'une circulation fiduciaire énorme possède une masse de monnaie colossale que le change favorable augmente sans cesse. Nul pays n'a moins souffert que la France de la crise industrielle qui sévit partout, tandis que l'Allemagne a été atteinte plus que les autres. De même les États-Unis, qui réduisent leur circulation de billets pour les ramener au pair et reprendre les paiements en espèces, sont plus éprouvés que l'Italie, qui ne s'est pas encore crue en mesure de tenter le même effort [4]. De ce qui précède, on peut conclure que Hume avait parfaitement raison. Ce qui est désirable d'abord, c'est que l'équilibre monétaire et par suite les prix se maintiennent avec le plus de fixité possible, et à cet effet il faut que les moyens d'échange s'accroissent dans la même proportion que la population et le mouvement des affaires. Si un changement doit intervenir, il vaut mieux que la quantité de numéraire augmente, car cette augmentation, pendant qu'elle se produit, a pour effet de stimuler l'industrie, de créer des entreprises nouvelles et par suite de fournir un emploi au surplus du numéraire. Si au contraire la monnaie se raréfie, les prix baissant, les industriels perdent ; ils diminuent leurs affaires, le travail fait défaut, le salaire baisse, la consommation diminue, tout est frappé de stagnation, et alors même ce qui reste de numéraire devient trop considérable et s'accumule dans les banques ; il se retire de la circulation, faute d'un emploi rémunérateur dans l'industrie. Le congrès américain a été si frappé des graves inconvénients qui résultent d'une contraction de l'instrument des échanges qu'au mois de mai dernier, avant de se séparer, il a décidé qu'on ne réduira plus la quantité du papier-monnaie au-dessous de ce qu'elle était à la fin d'avril, c'est-à-dire 347,681,016 dollars (environ 1,740 millions de francs). Pour ramener le papier-monnaie au pair avec le métal, les États-Unis ont dû faire comme l'Angleterre de 1815 à 1821, c'est-à-dire diminuer la quantité des billets en circulation et amener ainsi une diminution des prix jusque là surélevés, puisqu'ils étaient comptés en papier déprécié. Cette baisse des prix a provoqué l'atonie des affaires dont souffre l'Union et dont nous ressentons le contre-coup parce que les Américains appauvris sont moins en état d'acheter nos produits.

S'il est démontré, — et je pense qu'aucun économiste ne le contestera, — qu'une diminution des instruments d'échange a pour effet pendant qu'elle s'opère de diminuer les profits, de mettre tous les industriels en perte et par suite de réduire les salaires, les transactions, le commerce et tout le mouvement économique en général, on peut juger de la sagesse de la mesure qui consisterait à expulser l'argent de la circulation en diminuant d'un bon tiers l'instrument de la circulation. Les chiffres acceptés par tous le prouvent, les deux métaux précieux réunis répondent à peine aux besoins, et l'on voudrait obliger le monde à ne plus faire usage que d'un seul, l'or, alors précisément que sa production a diminué de plus d'un tiers. Tous les contrats dans l'univers entier sont basés sur l'emploi des deux métaux, car le monde, pris dans son ensemble, est bimétallique, — certains peuples se servant de monnaie d'or, d'autres d'argent, d'autres enfin d'or et d'argent ensemble, — et on veut fausser tous ces contrats en obligeant tous les débiteurs à livrer un métal considérablement enchéri puisque tous se le disputeront et qu'il devra faire à lui seul l'office que les deux remplissaient auparavant. Quatre grands pays aspirent à reconquérir une circulation métallique, il leur faut pour cela quatre milliards. Ils auront déjà bien de la peine à les puiser dans le réservoir des deux métaux. Comment y parviendront-ils et à quel prix, si on démonétise l'argent ? Évidemment, au milieu des souffrances actuelles de l'industrie, alors que les grèves et les attentats jettent partout le trouble et l'inquiétude, il n'est pas un seul gouvernement qui voudrait tenter une semblable expérience.

Mais, disent les fanatiques de l'or, il ne s'agit pas de démonétiser l'argent, il suffit de restreindre la puissance libératoire de l'écu de 5 francs à une somme de 50 francs, comme pour la monnaie divisionnaire. Il ne faut point se faire illusion, une pareille mesure mène forcément à la démonétisation. En effet, le commerçant, l'industriel, qui auraient des écus au moyen desquels ils ne pourraient payer leurs traites iraient les porter dans les caisses de l'état pour les y échanger contre de l'or. La banque, qui ne pourrait plus rembourser ses billets avec l'argent, ne garderait pas une monnaie qui ne constituerait pas une encaisse effective. Tout l'argent déprécié refluerait au trésor, qui ne pourrait plus le remettre en circulation. Une monnaie discréditée ne peut plus circuler qu'avec le cours forcé ; or au contraire l'état enlèverait à l'argent le pouvoir libératoire à l'égard de tous excepté de lui-même. Seul il serait tenu de recevoir une monnaie au moyen de laquelle il ne pourrait rien payer. Après une série d'embarras, de difficultés et de contestations, il serait obligé comme le gouvernement allemand de la retirer et de la vendre et dans des conditions bien pires. L'Allemagne a employé une partie de son argent à fabriquer une monnaie divisionnaire. Elle n'a rendu, avec les états Scandinaves, que pour 500 millions de francs. L'union latine aurait à en écouler 8 ou 10 fois autant [5]. Sur quel marché et à quel prix ? On réduirait tellement la valeur de l'argent qu'aucun pays, même les États-Unis, ne pourrait le conserver. Ce serait un désarroi universel accompagné d'une crise effroyable pour le commerce et l'industrie du monde entier.

Section IV

Il reste à examiner maintenant quelles résolutions pourrait prendre la conférence monétaire qui siège en ce moment à Paris. On sait que cette conférence se réunit à la demande du président des États-Unis, obéissant à un vote du congrès. Elle a pour but « l'adoption d'un rapport commun entre l'or et l'argent en vue de rendre international l'usage de la monnaie bimétallique et d'assurer ainsi la fixité de la valeur relative des deux métaux. » On voit que c'est la traduction des idées de M. Cernuschi, qui prétend, non sans quelque apparence de raison, que, si tous les peuples civilisés établissaient le même rapport de valeur entre l'or et l'argent, tous deux resteraient forcément dans la circulation, attendu que celui qui serait relativement plus rare ne trouverait plus, comme maintenant, un marché où il peut obtenir un prix plus élevé. Comment une entente est-elle possible ? Les États-Unis ont adopté la monnaie bimétallique, mais le dollar du *Bland-bill* est frappé sur la base d'un rapport entre l'or et l'argent de 1 à 16, tandis que dans l'union latine ce rapport est de 1 à 15 1/2, qui était le rapport à peu près normal depuis la fin du siècle dernier. L'Angleterre, n'ayant que l'étalon d'or, n'a établi aucun rapport légal entre les deux métaux. La situation de l'Allemagne est la même en théorie ; mais en fait le rapport de 1 à 15 1/2 existe entre le marc d'or et le thaler d'argent, qui jouit encore de la puissance libératoire. Y a-t-il quelque espoir d'amener un accord entre ces puissances ?

La Société néerlandaise pour les progrès de l'industrie, dans une adresse au roi des Pays-Bas, traite cette question avec cette connaissance des problèmes financiers qui distingue les Hollandais depuis le XVIe siècle. Pour répondre au but en vue duquel la conférence se réunit, dit cette adresse, le premier point qu'elle ait à décider est celui-ci : Est-il probable, oui ou non, que, si tous les états civilisés adoptaient une monnaie bimétallique avec le rapport uniforme entre l'or et l'argent de 1 à 15 1/2, on obtiendrait une stabilité dans la valeur relative des deux métaux, sinon absolue, au moins très grande, et que ses oscillations deviendraient minimes en comparaison de celles qui ont eu lieu dans le courant de ce siècle ? La réponse à la question ainsi posée ne peut être qu'affirmative : c'est là aujourd'hui une vérité acquise à la science économique. Dans le livre de M. Michel Chevalier de *la Baisse probable de l'or* se trouve un chapitre intitulé : *la France sert de parachute à la baisse de l'or*. En effet, 6 ou 7 milliards d'or ont pénétré dans la circulation, tandis que l'argent libéré servait à l'Angleterre à payer l'Inde. L'or, trouvant un débouché, n'a guère perdu de sa valeur. Si le double étalon n'avait pas existé en France, M. Michel Chevalier le démontre à l'évidence, l'or eût considérablement baissé. M. Stanley Jevons, dans son ouvrage *Money*, prouve la stabilité de la monnaie bimétallique, dont cependant il n'est point partisan, par une comparaison. « Supposez, dit-il, deux réservoirs d'eau : s'ils sont complètement séparés, chaque réservoir sera affecté par sa fluctuation particulière ; mais ouvrez un canal de jonction, un niveau commun s'établira, et sur une masse plus grande chaque fluctuation aura moins d'action. La masse des métaux, or et argent, circulant dans l'Europe occidentale est exactement représentée par l'eau de ces deux réservoirs, et le canal de jonction est la loi du 7 germinal an xi, qui permet à un métal de prendre la place de l'autre dans la circulation. M. Jevons démontre aussi, par un dessin qui frappe les yeux, qu'avec l'emploi des deux métaux les prix sont plus stables. Cela paraît évident ; plus la masse monétaire est considérable, moins une diminution ou un accroissement de la production de l'or ou de l'argent se fera sentir. Voici des chiffres qui n'admettent pas de contestation. La production de l'or était en 1852 de 910 millions et en 1875 de 485 millions, donc diminution de près de moitié, ce qui aurait amené une baisse considérable des prix avec l'or comme unique étalon. En 1852 la production de l'argent était de 200 millions ; aujourd'hui elle est de 350 millions. Donc augmentation considérable, et avec l'étalon d'argent seul, hausse notable du prix. Employez simultanément les deux métaux, le déficit de l'un est comblé par le surplus de l'autre, et l'équilibre se maintient dans le stock métallique et dans les prix. A ce point de vue, les partisans de l'argent d'il y a vingt ans avaient plus raison que ceux de l'or aujourd'hui. La production de l'argent augmente régulièrement à peu près dans la même proportion que la population et les besoins de l'échange. L'or au contraire est soumis à des fluctuations très grandes et très brusques. En 1825 la production de l'or est de 25 millions, en 1848 elle est de 150 millions, et quatre ans plus tard elle passe brusquement à 910 millions pour retomber aujourd'hui à 490. Si, comme tout le monde s'accorde à le proclamer, la première condition de la monnaie est la stabilité, il faut avouer qu'il n'y en a pas de condition pire que l'or seul, et pas de meilleure que l'or et l'argent réunis.

La pétition néerlandaise résume parfaitement les avantages d'une entente avec les États-Unis sur la base proposée par eux. La dépréciation de l'argent serait arrêtée, la variation dans la puissance d'acquisition des deux métaux serait réduite au minimum, et le rapport de valeur entre l'or et l'argent acquerrait une fixité très grande. On préviendrait les perturbations énormes qui seraient la suite de la démonétisation générale de l'argent. On rendrait un grand service au commerce entre l'Europe qui exporte et l'Asie qui absorbe l'argent, en donnant une valeur moins variable au métal qui sert de base à ces échanges. Enfin on faciliterait singulièrement la reprise des paiements en espèces aux pays qui subissent encore le régime du cours forcé.

Malgré ces avantages incontestables/un accord entre ces différents pays sera difficile à établir, parce que la question n'est pas assez éclaircie. L'Allemagne aurait grand intérêt à conserver l'argent, auquel ses populations sont habituées, au lieu de s'acharner à introduire l'or, qu'elle gardera difficilement, parce que le change lui est souvent contraire. Elle a déjà le rapport de 1 à 15 1/2 : il lui suffirait de transformer des thalers en pièces de 2 et de 4 marcs avec même contenance de métal fin, et à l'instant la crise monétaire qu'elle traverse serait terminée. Le fera-t-elle ? C'est peu probable. L'Angleterre, à cause de l'Inde, a plus d'intérêt encore que l'Allemagne à relever le cours de l'argent et surtout à rendre sa valeur plus stable. Rien que pour ses traites sur l'Inde, l'état perd annuellement 75 millions de francs, et ceci n'est rien auprès de ce que perdent les particuliers qui ont une somme fixe à toucher aux Indes. Aussi presque tous ceux qui s'intéressent aux choses de la grande colonie, depuis les marchands de Liverpool [6] jusqu'au conseil des Indes, inclinent vers le bimétallisme. Le gouvernement anglais est si peu disposé à repousser l'argent pour l'Asie qu'en 1876 il l'a introduit dans l'île Maurice en remplacement de l'or. Pour entraîner l'Angleterre, M. Cernuschi propose que la France frappe une pièce de 25 francs de même valeur que la livre sterling, à la condition que l'Angleterre adopte une pièce de 4 shillings identique à la pièce de 5 francs avec valeur libératoire. Les États-Unis adopteraient les mêmes bases. La France aurait à mettre dans la nouvelle pièce pour 22 centimes de plus d'or que dans les 25 francs actuels ; mais cette perte serait compensée par le relèvement de valeur de ses 2 milliards 1/2 d'argent. En théorie, il n'y a rien à redire ; mais les états n'agissent que sous le coup de la nécessité. Ils suivent en général le principe de la moindre action. La France ne sortira pas d'un système qui pour le moment ne lui cause aucun embarras.

Comme on l'a vu, les États-Unis ont rétabli par le *Bland-bill* le rapport entre les deux métaux de 1 à 16. S'ils veulent arriver à un résultat, il faut qu'ils adoptent le rapport de 1 à 15 1/2 ; c'était l'opinion de la majorité de la *silver-commission* ; mais, comme pour faire passer le Bland-bill malgré le veto du président, il fallait réunir les deux tiers des voix, on s'est contenté de rétablir le dollar d'avant 1873, *the dollar of the fathers*. Les hommes les plus compétents des États-Unis se sont prononcés pour le 151/2. MM. John Jones, Lewis Bogy et George Willard, de la *silver-commission*, voulaient même l'introduire immédiatement à tout risque. MM. George Walker, Dana Horton et le docteur Linderman [7], directeur de la Monnaie, ont prouvé que le seul moyen de maintenir aux États-Unis la monnaie bimétallique était d'adopter entre les deux métaux le rapport de valeur en vigueur généralement ailleurs. Il est évident en effet que, si les États-Unis conservent leur rapport de la 16, ils portent le coup de mort au bimétallisme en Europe et empêchent ainsi l'argent de reprendre sa valeur primitive. Ils forcent tous les pays à s'acheminer vers l'étalon d'or. La France et l'union latine ne pourraient plus permettre la frappe illimitée de l'argent, sans voir aussitôt les dollars américains se précipiter vers l'Europe par la même raison qui a empêché précédemment l'Union de garder dans sa circulation le dollar de 412 1/2 grains repris par le *Bland-bill*. La raison en est simple. Pour obtenir un kilo d'or aux États-Unis, il faut donner 18 kilos d'argent, tandis qu'en France il n'en faut livrer que 15 1/2. Voici l'opération que feraient les changeurs : ils prendraient à New-York, en dollars, 15 1/2 kilos d'argent qu'ils feraient monnayer à Paris en écus de 5 francs. Ils échangeraient ces écus contre un kilo d'or en napoléons, et au moyen de ce kilo à New-York ils se procureraient 16 kilos d'argent ; donc bénéfice net : un demi-kilogramme d'argent, soit environ 100 francs obtenus avec un capital de 3,000 francs en moins d'un mois. Ce capital procurerait donc un profit annuel de 1,200 francs. L'opération serait si avantageuse qu'elle ne s'arrêterait que quand il n'y aurait plus d'or en France ou plus d'argent aux États-Unis.

Si donc l'Union américaine conserve entre l'or et l'argent le rapport de 1 à 16, la frappe de l'argent restera forcément interdite en Europe, et l'Amérique devra à elle seule soutenir la valeur de ce métal par ses besoins monétaires. Cette situation d'isolement serait des plus fâcheuses, et pour les relations commerciales et pour la valeur future de l'argent, que l'Amérique tient à relever. Elle a le plus grand intérêt à ce relèvement. En effet, elle produit presque autant d'argent que le reste du monde réuni : environ 150 millions de francs en 1877 ; en outre, San-Francisco tend à remplacer Londres pour le paiement de la balance en argent à l'Asie. Elle y expédie annuellement déjà pour 30 à 40 millions de ce métal. Rien de plus naturel : il est produit dans l'état voisin de Nevada. Au lieu de prendre le chemin de Londres pour être expédié de là en Chine, — sur un ordre de Londres à San-Francisco, il part directement pour l'Asie à travers l'Atlantique [8] Si les États-Unis veulent sauver l'avenir de l'argent » il n'y a point d'autre issue : il faut absolument qu'ils adoptent le rapport entre les deux métaux de 1 à 15 1/2. Comme l'indiquait la minorité de la *silver-commission*, on peut y arriver de deux manières, où eh diminuant le dollar argent jusqu'à 399.9 grains, ou en portant le dollar or de 25.8 à 26.6 grains. MM. Jones, Bogy et Willard se prononçaient pour le premier moyen, en ajoutant qu'il faudrait tenir compte aux créanciers, par une législation appropriée, de ce que la réduction du dollar primitif, base des contrats avant 1873, leur ferait perdre. Aujourd'hui que le dollar de 412 1/2 grains a été adopté par le *Bland-bill*, il paraît difficile de revenir sur cette mesure. Il ne resterait donc qu'à augmenter la contenance du dollar d'or. Au fond, le sacrifice serait le même, car le supplément qu'il aurait fallu accorder aux créanciers qu'on aurait payés avec le dollar argent, de 399.9 grains, aurait été égal à la somme qu'il faudrait consacrer à augmenter le dollar d'or. C'est aux Américains à voir lequel des deux systèmes offre pour eux le moins d'inconvénients. Ce qui est hors de doute, c'est que l'adoption par eux du rapport de 1 à 15 1/2 est un intérêt de premier ordre et pour l'Amérique et pour l'Europe, si on veut prévenir les incalculables perturbations qui résulteraient de la démonétisation universelle de l'argent. Comme l'ont démontré la minorité de la *silver-commission* et le docteur Linderman, l'adoption du rapport de 1 à 15 1/2 ne serait pas seulement l'offre d'un accord avec les pays de monnaie bimétallique, ce serait, par le fait, l'établissement de l'accord même.

Les pays à monnaie bimétallique sont la France, l'Italie, la Belgique, la Suisse, la Hollande, la Roumanie, la Grèce, l'Espagne, le Venezuela, le Chili, le Paraguay, le Japon et les États-Unis. Ils comptent une population de 183 millions d'habitants. C'est une surface largement suffisante pour donner au rapport fixé dos deux métaux une très grande stabilité et pour absorber sans trouble les accroissements momentanés de la production de l'un ou de l'autre. Les États-Unis ont intérêt à se donner une « forte base métallique » comme la France afin d'échapper à ces crises périodiques du crédit et à ces stagnations du commerce qui lui coûtent chaque fois des milliards. Si elle avait seulement autant de numéraire par tête que l'Angleterre, il lui en faudrait pour 4 milliards de francs. La France unie à l'Union américaine avec ses 46 millions d'habitants d'aujourd'hui et ses 70 millions d'habitants vers la fin du siècle peuvent maintenir le rapport de 1 à 15 1/2 sans craindre qu'un excédent de production, soit de l'or, soit de l'argent, puisse venir le troubler. Suivant la remarque si juste de M. Michel Chevalier, le bimétallisme français, servant de parachute, a soutenu sans broncher l'inondation des dix milliards d'or arrivés en dix ans de la Californie et de l'Australie. Que les États-Unis adoptent le rapport français, et la France pourra reprendre la frappe illimitée de l'argent aussitôt que la consommation américaine et les exportations en Asie auront ramené ce métal au pair.

On dit que la Suisse, la Belgique et même la France veulent rompre l'union latine, qui expire dans un an et demi. Ce serait regrettable. Au moment où les pays s'entendent afin d'établir des tarifs communs pour les postes, pour les télégraphes, pour tout ce qui facilite les communications, pourquoi briser un faisceau qui repose sur la communauté des habitudes et sur les nécessités d'un immense mouvement d'échanges ? Les inconvénients, — et il y en a sans doute, — sont-ils suffisants pour reculer ainsi dans la voie civilisatrice de l'assimilation internationale ? Une politique d'isolement monétaire serait impossible pour les petits états ; deux expériences faites en Belgique l'ont prouvé. En 1850 on démonétise l'or ; mais l'or français proscrit continue à circuler, et après dix ans de lutte les réclamations du commerce obligent le gouvernement à le réadmettre dans la circulation. La Belgique a un billon de nickel léger, commode, que tout le monde préfère et que l'état et la banque acceptent seuls. Néanmoins le bronze français, proscrit comme l'était l'or, envahit la circulation, et le nickel use ses sacs dans les caves de la Banque nationale. On peut ne pas renouveler le traité, l'union latine se maintiendra en fait. Dès lors pourquoi se séparer quand tout convie les peuples à une union plus intime ?

La monnaie est essentiellement chose internationale, car, qu'il y ait ou non uniformité du rapport monétaire, les décisions d'un état jettent le trouble dans les relations commerciales de tous les autres pays civilisés. L'Allemagne, en démonétisant l'argent, a fait perdre à l'Angleterre, malgré son étalon d'or, plus de 100 millions par an dans ses échanges avec l'Inde. Il n'y a donc pas d'intérêt qui appelle plus impérieusement l'intervention d'une conférence internationale ; c'est incontestable, à quelque point de vue qu'on se placé. Il est donc à souhaiter qu'un accord entre les principaux états sorte de la conférence réunie à Paris. La solidarité de tous est si intime, les perturbations imprimées au marché monétaire se répercutent si loin et ont de si graves conséquences, qu'il est du devoir de chacun de ne pas agir isolément, sans une tentative préalable d'entente avec les autres pays.

Notes

1.   F. Xeller, Die Frage der internationalen Münzeinigung. Stuttgart, 1869.

2.   M. Macculloch, il y a bien des années déjà, proposait le chiffre de 13 millions de livres sterling ou 375 millions de francs, chiffre que M. Seyd trouve trop bas, même pour l'époque. — M. Ottomar Haupt (Gold und Silber, chap. XXXI,) s'appuyant sur les données les plus récentes, estime le frai à 250 millions dont 110 millions pour l'or et 150 pour l'argent.

3.   On ne s'accorde pas aux États-Unis sur la somme nécessaire à l'état pour reprendre les paiements en espèces. D'après les uns, il lui faut encore réunir 1 milliard 1/2 de francs, d'après d'autres, en ajoutant 700 millions à la somme à peu près égale en numéraire que possède le trésor, on fera face à tout, — J'ai adopté l'estimation intermédiaire, mais, même en prenant la plus basse, la difficulté reste la même.

4.   M. le baron de Reinach a démontré avec infiniment d'esprit et non sans quelque vérité comment l'abondance des moyens d'échange avait contribué au progrès économique de l'Italie. M. William Kelley, membre du congrès américain pour

la Pensylvanie, a développé la même thèse pour les États-Unis avec des arguments très sérieux. V. An adress to the citizens of Philadelphia, 1876.

5.　　D'après les renseignements obtenus de l'obligeance de la Banque de Franco, l'encaisse était composée au 25 juillet dernier de : or, 1,182 millions ; argent, 984 millions, y compris 84 millions de monnaie divisionnaire. M. Rouland estime la circulation de l'argent en France à 2 1/2 milliards ; ce chiffre n'est-il pas trop peu élevé ?

6.　　M. Samuel Smith, président de la chambre de commerce de Liverpool, et M. Stephen Williamson ont publié des lettres dans ce sens.

7.　　Voyez son excellent livre Money and legal tender in the United States. Le témoignage du docteur Linderman ne sera pas suspect aux partisans de l'or, car il l'est aussi, et il n'a cessé de combattre le Bland-bill.

8.　　Par acte du congrès du 12 février 4873, et sur la proposition du docteur Linderman, on frappe maintenant pour les échanges avec l'Asie un dollar du commerce, trade dollar, de 420 grains, qui est extrêmement recherché en Chine, — On en a émis déjà pour 150 millions de francs, et la demanda augmente.

ISBN : 978-1722222611

www.ingramcontent.com/pod-product-compliance
Lightning Source LLC
Chambersburg PA
CBHW070930220526
45468CB00005B/1720